Yoga

piano di vita vegetariano
con oltre 50 ricette

Giulia Brambilla

Tutti i diritti riservati.

Disclaimer

Le informazioni qui contenute intendono servire come una raccolta completa di strategie che l'autore di questo e-book ha ricercato. Riassunti, strategie, suggerimenti e trucchi sono solo i consigli dell'autore e la lettura di questo e-book non garantisce che i propri risultati riflettano accuratamente i risultati dell'autore. L'autore dell'e-book ha compiuto ogni ragionevole sforzo per fornire informazioni accurate e aggiornate ai lettori dell'e-book. L'autore e i suoi associati non saranno responsabili per eventuali errori o omissioni involontarie che possono essere trovati. Il materiale dell'e-book può includere informazioni di terze parti. I materiali di terze parti fanno parte delle opinioni espresse dai rispettivi proprietari. In quanto tale, l'autore dell'e-book non si assume alcuna responsabilità per il materiale o le opinioni di terzi. A causa del progresso di Internet o di cambiamenti imprevisti nella politica aziendale e nelle linee guida per l'invio editoriale, ciò che viene dichiarato come fatto al momento della scrittura potrebbe diventare obsoleto o inapplicabile in seguito.

MERENDA

Pollo di soia lecca-lecca

Ingredienti per 4 persone Tempo di preparazione: 10 minuti, più 3-4 ore per marinare Tempo di cottura: 20 minuti

ingredienti

- 2 cucchiai di pasta di zenzero e aglio
- 4 cucchiai di farina 00
- 4 cucchiai di farina di mais
- 3 cucchiai di salsa di soia
- 1 cucchiaino di peperoncino rosso in polvere
- 1 cucchiaino di zucchero
- 1/2 cucchiaio di aceto bianco
- Acqua, se necessario
- 8-10 piccole cosce di pollo o ali di pollo senza la pelle
- 11/2 tazze di olio vegetale

Indicazioni

In una grande ciotola, unire la pasta allo zenzero e all'aglio, la farina per tutti gli usi, la farina di mais, la salsa di soia, il peperoncino rosso in polvere, lo zucchero e l'aceto. Aggiungi abbastanza acqua per ottenere una consistenza sottile e liscia.
Aggiungere il pollo e conservare in frigorifero per 3 o 4 ore.

In una padella profonda, scalda da 5 a 6 cucchiai di olio vegetale. Aggiungere alcuni pezzi di pollo all'olio e saltare in padella fino a renderlo croccante. Se l'olio inizia a schizzare, puoi coprire la padella con una protezione antispruzzo o una copertura. Continua fino a quando tutti i pezzi sono cotti. Getta la marinata rimanente.

Rimuovere i pezzi di pollo e metterli su un tovagliolo di carta per far scolare l'olio in eccesso. Servite subito.

Pollo Achari con yogurt

Ingredienti per 4-5 persone Tempo di preparazione: 10 minuti Tempo di cottura: 30-35 minuti

In questa ricetta puoi anche sostituire l'agnello al formaggio indiano o le patate al pollo: regola i tempi di cottura di conseguenza.

ingredienti

- 2 cucchiai di olio di senape o olio vegetale
- 1/2 cucchiaino di semi di senape nera
- 1/2 cucchiaino di semi di finocchio selvatico (chiamati anche semi di nigella) 2 peperoncini rossi essiccati
- 1/4 cucchiaino di semi di fieno greco
- 1 cucchiaio di pasta all'aglio e zenzero
- 8 cosce di pollo senza pelle
- 1/2 cucchiaino di peperoncino rosso in polvere
- 1/4 cucchiaino di curcuma in polvere
- Sale da tavola, quanto basta
- 1 tazza di yogurt bianco 1 tazza di acqua
- Succo di 1/2 limone

Indicazioni

In una padella capiente, scaldare l'olio fino a quasi fumare. Riduci la fiamma a una temperatura media. Aggiungere rapidamente la senape e i semi di

nigella, i peperoncini rossi ei semi di fieno greco.
Friggere per circa 30 secondi o fino a quando i semi
iniziano a cambiare colore e rilasciano il loro aroma.

Aggiungere la pasta di aglio e zenzero e rosolare
per altri 10 secondi. Aggiungere il pollo e rosolare
per circa 2 minuti. Riduci la fiamma a una
temperatura media. Aggiungere il peperoncino
rosso, la curcuma in polvere e il sale; soffriggere
fino a quando il pollo sarà ben dorato su tutti i lati.

Aggiungere lo yogurt e mescolare bene. Aggiungi
circa 1 tazza d'acqua. Riduci la fiamma al minimo,
copri la padella e cuoci per 20-25 minuti o fino a
quando il pollo è cotto e il grasso inizia a emergere.
Aggiungere il succo di limone e cuocere per ancora
1 minuto. Servire caldo.

Bocconcini di gombo e cetriolo croccanti speziati

Ingredienti per 4 persone Tempo di preparazione:
10 minuti Tempo di cottura: 15 minuti

Per una presentazione spettacolare, crea un "nido"
usando l'okra e annidaci i gamberi grigliati o il
Chicken Tikka.

ingredienti
- 11/2 libbre di gombo, sciacquate e asciugate
- 1 cetriolo grande
- 1 cucchiaino di peperoncino rosso in polvere
- 1/2 cucchiaino di miscela di spezie calde
- cucchiaino di mango secco in polvere
- 31/2 cucchiai di farina di ceci
- tazze di olio vegetale
- 1 cucchiaino Chaat Spice Mix
- Sale da tavola, quanto basta

Indicazioni
Rimuovi i gambi dal gombo. Taglia ogni pezzo nel
senso della lunghezza in 4 pezzi. Disporre i pezzi in
un piatto grande e piatto; mettere da parte.
Affetta il cetriolo

In una piccola ciotola, mescola il peperoncino rosso
in polvere, il mix di spezie e il mango secco in
polvere. Cospargere questa miscela sull'okra.
Mescola bene per assicurarti che tutti i pezzi siano

coperti con la polvere di spezie. Cospargere la farina di ceci sull'okra. Lancia di nuovo per assicurarti che ogni pezzo sia leggermente e uniformemente coperto.

In una padella profonda, aggiungi l'olio vegetale a circa 1 pollice di profondità. Scaldare l'olio a fuoco vivace fino a quando non fuma, a circa 370 °. Riduci la fiamma a una temperatura medio-alta. Aggiungere un po 'di gombo e friggere fino a quando non sarà ben dorato, circa 4 minuti. Togliete con una schiumarola e adagiatele su un tovagliolo di carta a scolare. Continua fino a quando tutto l'okra è fritto. Lascia che l'olio torni al punto di fumo tra un lotto e l'altro.

Cospargere il mix di spezie su gombo e cetriolo. Mescola bene e condisci con sale. Servite subito.

Polpette Al Fieno Greco

Ingredienti per 4 persone Tempo di preparazione: 10 minuti Tempo di cottura: 10 minuti Servire queste polpette di piccole dimensioni con chutney di menta e coriandolo

ingredienti

- 1/2 libbra di agnello magro macinato
- 1 cipolla piccola, tritata
- cucchiaio di foglie di fieno greco essiccate
- 1/4 cucchiaino di pasta di zenzero e aglio
- cucchiaini Warm Spice Mix
- cucchiaini di succo di limone fresco
- Sale da tavola, quanto basta
- 2 cucchiai di olio vegetale
- Anelli di cipolla rossa, per guarnire

Indicazioni

Preriscalda il forno a 500 ° o accendi la griglia.

In una terrina, unisci tutti gli ingredienti tranne l'olio e gli anelli di cipolla rossa. Mescola bene, usando le mani.

Dividete il composto in 8 parti uguali e formate delle palline. Utilizzando un pennello da cucina, spennellare le polpette con l'olio. Metti tutte le polpette su una teglia in un unico strato.

Posizionare la teglia sotto una griglia calda o nel forno e cuocere per 8-10 minuti, girando frequentemente fino a quando le polpette sono ben dorate su tutti i lati e la carne è completamente cotta.

Guarnire con anelli di cipolla rossa e servire caldo.

Manchurian formaggio indiano

Per 4 persone
Tempo di preparazione: 5 minuti
Tempo di cottura: 10 minuti

Questi antipasti sono così saporiti di per sé che non hanno bisogno di salsa di immersione.

ingredienti

- 11/2 cucchiai di farina di riso o farina di mais
- 11/2 cucchiai di farina per tutti gli usi
- 1/4 cucchiaino di pepe bianco in polvere
- 1/4 cucchiaino di sale da tavola
- 1 cucchiaino di pasta allo zenzero e aglio
- Acqua quanto basta, a temperatura ambiente
- Olio vegetale per friggere
- 1/2 libbra di formaggio indiano, a dadini

Indicazioni

Unisci la farina di mais, la farina per tutti gli usi, il pepe, il sale e la pasta allo zenzero e all'aglio in una ciotola di medie dimensioni. Mescolare bene e aggiungere acqua fredda quanto basta per fare una pastella sottile. (Qualche cucchiaio di acqua dovrebbe essere sufficiente, ma aggiungine dell'altro se necessario.)

In una padella profonda, scalda 1 o 2 pollici di olio vegetale a 370 ° su un termometro per frittura. Per testare la temperatura, puoi aggiungere una goccia di pastella; se sale immediatamente verso l'alto, il tuo olio è pronto per l'uso.

Immergere alcuni pezzi di formaggio indiano nella pastella, girando per ricoprire tutti i lati; aggiungere all'olio caldo. Friggere fino a doratura (girandole nell'olio per evitare che si attacchino).

Togliete il formaggio dall'olio con una schiumarola e scolatelo su carta assorbente. Lascia che l'olio torni a temperatura e continua questo processo fino a quando tutto il formaggio indiano è fritto. Servire caldo.

Patate Dolci con Tamarindo e Semi di Cumino

Per 4 persone
Tempo di preparazione: 10 minuti
Tempo di cottura: nessuno

Servire con Fresh Lime

ingredienti

- 4 patate dolci piccole
- 11/2 cucchiai di tamarindo
- chutney
- 1/4 cucchiaino di sale nero
- 1 cucchiaio di succo di limone fresco
- 1/2 cucchiaino di semi di cumino, tostati e pestati grossolanamente

Indicazioni

Pelare le patate dolci e tagliarle a cubetti da 1/2 pollice. Cuocere in acqua salata per coprire per 5-8 minuti o finché non diventano teneri. Scolare e lasciar raffreddare.

Mettete tutti gli ingredienti in una ciotola e mescolate delicatamente. Raccogli le patate dolci in parti uguali in 4 ciotole. Infilare qualche stuzzicadenti nelle patate dolci tagliate a cubetti e servire.

Frittelle Di Gamberetti Piccanti

Per 4 persone
Tempo di preparazione: 15 minuti
Tempo di cottura: 10 minuti

Questi gamberetti butterflied sono perfetti con cocktail o come antipasto per un pranzo estivo leggero.

ingredienti
- 1 libbra di gamberetti, coda e prosciugato
- 1 cucchiaino di curcuma in polvere
- 1 cucchiaino di peperoncino rosso in polvere
- 1 peperoncino verde serrano, privato dei semi e tritato
- 1 cucchiaio di radice di zenzero fresca grattugiata
- 1 cucchiaio di spicchi d'aglio freschi tritati
- cucchiaio di succo di limone fresco
- Sale da tavola, quanto basta
- uova sbattute
- cucchiai colmi di farina per tutti gli usi
- Olio vegetale per friggere

Indicazioni

Farfalla i gamberi e mettili da parte.

In una ciotola poco profonda, unire la curcuma, il

peperoncino rosso in polvere, il peperoncino verde, lo zenzero, l'aglio, il succo di limone e il sale; mescolare bene.

Metti le uova in un secondo piatto. Metti la farina in un piatto fondo.

Ricopri ogni gambero con la miscela di spezie, poi immergilo nell'uovo e poi ricopri con la farina. Continua finché tutti i gamberetti non sono ricoperti. Getta le uova e la farina rimanenti.

Scaldare l'olio vegetale in una friggitrice o una padella profonda a 350 °. Friggi i gamberi, pochi alla volta, fino a dorarli. Rimuovere con una schiumarola e scolare su carta assorbente. Servire caldo.

Bocconcini di pollo allo zenzero

Per 4 persone
Tempo di preparazione: 5 minuti, più almeno 5-6
ore per marinare
Tempo di cottura: 15 minuti

Un piatto abbastanza delicato, servirlo con pane
agli spinaci e insalata di carote e pomodori

ingredienti
- tazza Hung Yogurt
- cucchiai di radice di zenzero grattugiata
- 1 cucchiaino di succo di limone fresco
- cucchiaio di olio vegetale
- 1/2 cucchiaino (oa piacere) di peperoncino
  rosso in polvere
- Sale da tavola, quanto basta
- 11/2 libbre di petto di pollo disossato e
  senza pelle, tagliato a cubetti
- cucchiai di burro fuso
- Spicchi di limone, per guarnire

Indicazioni
In una ciotola o in un sacchetto di plastica
richiudibile, unire lo yogurt, lo zenzero grattugiato,
il succo di limone, l'olio, il peperoncino in polvere e
il sale; mescolare bene. Aggiungere i cubetti di
pollo. Marinare, coperto e refrigerato, per 5-6 ore
o, preferibilmente, durante la notte.

Preriscaldate il forno a 425 °.

Infilare il pollo sugli spiedini e ungere con il burro fuso. Metti il pollo su una teglia rivestita di carta stagnola e inforna per circa 7 minuti. Girare una volta e ungere con il burro rimasto. Cuocere per altri 7 minuti o fino a quando non saranno dorati e il sugo non sarà limpido. Servire caldo, guarnito con spicchi di limone.

Tikka al formaggio speziato Chaat

Per 4 persone
Tempo di preparazione: 10 minuti, più 1 ora per
marinare
Tempo di cottura: 8 minuti

Prova a sostituire il tofu al posto del formaggio
indiano (paneer) per un sapore diverso.

ingredienti

- 1 tazza di yogurt bianco
- 1 cucchiaio di olio vegetale
- 1/2 cucchiaino di curcuma in polvere
- 1 cucchiaino di miscela di spezie calde
- 1/4 cucchiaino di cumino in polvere
- cucchiaino di pasta all'aglio e zenzero
- Sale da tavola, quanto basta
- tazze di formaggio indiano, a cubetti (circa
  3/4 da 1/2 pollice)
- 1 cipolla, tagliata in quarti e strati separati
- 1 cucchiaio di olio vegetale
- 1 cucchiaino Chaat Spice Mix

Indicazioni

In una terrina, unire lo yogurt, l'olio vegetale, la
curcuma in polvere, il mix di spezie, il cumino in
polvere, la pasta di aglio e zenzero e il sale;
mescolare bene.

Aggiungere il formaggio indiano e le cipolle alla marinata, coprire e conservare in frigorifero per circa 1 ora.

Preriscalda la griglia. Infilare alternativamente il formaggio e le cipolle sugli spiedini. Grigliare a circa 4 pollici dal fuoco per 5-8 minuti o fino al termine, girando e unendo una volta con l'olio. Quando le cipolle iniziano a carbonizzare sui lati, il Paneer Tikka è pronto.

Servire caldo, cosparso di Chaat Spice Mix e accompagnato da Green

33

Chicken Hung Tandoori

Per 4 persone
Tempo di preparazione: 5 minuti, più 5-6 ore per marinare
Tempo di cottura: 15 minuti

L'insalata di cipolle punjabi e il chutney di menta e coriandolo completano piacevolmente questo piatto.

ingredienti

- 3/4 tazza di yogurt appeso
- 1 cucchiaio di pasta all'aglio e zenzero
- 1 cucchiaino di succo di limone fresco
- 1 cucchiaio di olio vegetale
- 1/2 cucchiaino o, a piacere, peperoncino rosso in polvere
- Sale da tavola, quanto basta
- 1/2 cucchiaino Tandoori Spice Mix
- 1/4 cucchiaino di miscela di spezie calde
- petti di pollo senza pelle e disossati, tagliati a cubetti
- cucchiai di burro fuso, per imbastire spicchi di limone, per guarnire

Indicazioni

Per preparare la marinata, unire lo yogurt, la pasta di aglio e zenzero, il succo di limone, l'olio, il peperoncino rosso in polvere, il sale e le miscele di spezie in una terrina; mescolare bene. Aggiungere i cubetti di pollo. Coprite e lasciate marinare in frigorifero per 5-6 ore o per tutta la notte. Scaldate il forno a 400 °

Infilare il pollo sugli spiedini e ungere con il burro fuso. Mettere il pollo su una teglia da forno e cuocere in forno caldo per circa 5 minuti. Girare una volta e ungere con il burro rimasto.

Cuocere per altri 10 minuti o fino a doratura e i succhi non diventano limpidi.

Servire caldo, guarnito con spicchi di limone.

Involtini di gamberetti portoghesi

Per 4 persone
Tempo di preparazione: 20 minuti
Tempo di cottura: 15 minuti

Usa pangrattato fresco per ottenere i migliori risultati. Puoi anche usare il purè di patate confezionato come scorciatoia per preparare questo piatto.

ingredienti

- 2 patate piccole
- gamberetti sgusciati, pelati e puliti
- 1/2 cucchiaino di curcuma in polvere
- Sale da tavola, quanto basta
- 1/2 tazza d'acqua
- Peperoncini verdi serrano, privati dei semi e tritati
- cucchiaino di aglio tritato
- Uova (sbattute
- 1 tazza di pangrattato fresco
- Olio vegetale per friggere

Indicazioni

Pelare e tagliare le patate a cubetti da 11/2 pollici. Bollire in acqua per circa 8 minuti o finché sono teneri. Mettere da parte.

In una padella profonda, unisci i gamberi, la curcuma in polvere, il sale e l'acqua. Cuocere a fuoco lento fino a quando i gamberi diventano opachi. Scolare l'acqua e mettere da parte i gamberi. Tritate grossolanamente i gamberi e schiacciate le patate. In una ciotola, unire i gamberi, le patate, i peperoncini verdi e l'aglio; mescolare bene e formare delle palline. Dovresti ottenere circa 12 palline.

Metti le uova in una ciotola e metti il pangrattato in un'altra ciotola bassa.

In una friggitrice o in una padella profonda, scaldare l'olio vegetale a 350 °. Prendi ogni rotolo di gamberetti, immergilo nelle uova e poi arrotolalo leggermente nel pangrattato. Friggere, 2 alla volta, fino a doratura. Togliere dall'olio con a schiumarola e scolare su carta assorbente. Servire caldo.

Pollo al peperoncino cinese-indiano

Ingredienti per 4 persone Tempo di preparazione:
10 minuti, più 3 ore per marinare Tempo di cottura:
15 minuti

Questo piatto racchiude un pugno, quindi assicurati
di avere qualcosa di freddo e dolce nelle vicinanze
come Fresh Lime Soda

ingredienti

- 2 cucchiai di pasta di zenzero e aglio
- 21/2 cucchiai di salsa di soia
- 1 cucchiaio di aceto
- cucchiaino di peperoncino rosso in polvere
- 1/2 cucchiaino di zucchero
- 1/2 cucchiaino di sale da tavola
- peperoncini verdi serrano freschi, privati dei semi e tritati
- 1-2 gocce di colorante alimentare rosso, facoltativo
- libbra di pollo disossato e senza pelle, a cubetti
- cucchiai di olio vegetale

Indicazioni

Per preparare la marinata, unisci la pasta allo zenzero e all'aglio, la salsa di soia, l'aceto, il peperoncino rosso in polvere, lo zucchero, il sale, i peperoncini verdi e il colorante alimentare rosso (se lo desideri) in una terrina o in un sacchetto di plastica sigillabile. Aggiungere i pezzi di pollo e mescolare bene. Coprite e lasciate marinare in frigorifero per circa 3 ore.

Riscaldare l'olio in una padella larga a fuoco alto. Aggiungere i pezzi di pollo marinati, scrollando di dosso la marinata in eccesso. Getta la marinata rimanente. Saltare in padella per circa 5-7 minuti, fino a quando il pollo è cotto. Puoi aggiungere 1 o 2 cucchiai d'acqua se la miscela inizia ad attaccarsi o seccarsi. Togliere dal fuoco. (A seconda del tipo di pollo selezionato, i tempi di cottura potrebbero variare leggermente.)

Per servire, disporre porzioni uguali di pollo su 4 piatti da antipasto. Servire caldo.

INSALATE

43

Insalata Di Verdure Piccante

Per l'insalata di verdure puoi mescolare qualsiasi tipo di verdura o solo una verdura. Possono essere tritati o grattugiati, al vapore o crudi.

ingredienti

- mix piccante - scaldare l'olio, aggiungere i semi di senape, quando scoppiettano aggiungere i semi di cumino poi le foglie di curry e l'assafetida
- Sale e zucchero
- Succo di limone / lime (non usarlo se hai il pomodoro nell'insalata)
- Foglie di coriandolo fresche: per lo stile occidentale puoi usare prezzemolo, aneto, basilico, rucola, menta, ecc.
- Cocco grattugiato fresco
- Arachidi tostate in polvere o intere arachidi tostate
- Yogurt

Indicazioni

Tagliare le verdure fresche e cuocere a vapore se necessario.

Aggiungi altri ingredienti a piacere. Aggiungere la miscela piccante di base alla fine. (in una padella a parte scaldare l'olio e aggiungere le spezie, quindi unire il composto alle verdure)

Mescola tutto e servi.

Insalata Di Barbabietole E Pomodori

Questa è una delle insalate più popolari nell'ashram.

ingredienti

- 1/2 tazza di pomodori freschi, tritati
- 1/2 tazza di barbabietola cotta, tritata
- 1 cucchiaio di olio vegetale
- 1/4 cucchiaio di semi di senape
- 1/4 cucchiaio di semi di cumino
- Pizzico di curcuma
- 2 pizzichi di assafetida
- 4-5 foglie di curry
- Sale qb
- Zucchero qb
- 2 cucchiai di arachidi in polvere
- Foglie di coriandolo fresche tritate

Indicazioni

Scaldare l'olio quindi aggiungere i semi di senape.

Quando scoppiettano aggiungere il cumino, poi la curcuma, le foglie di curry e l'assafetida.

Aggiungere la miscela di spezie alla barbabietola e al pomodoro insieme alla polvere di arachidi più sale, zucchero e foglie di coriandolo a piacere.

Insalata di cavolo e melograno

ingredienti
- 1 tazza di cavolo - grattugiato
- $\frac{1}{2}$ melograno
- $\frac{1}{4}$ di cucchiaio di semi di senape
- $\frac{1}{4}$ di cucchiaio di semi di cumino
- 4-5 foglie di curry
- Pizzica l'assafetida
- 1 cucchiaio di olio
- Sale e zucchero qb
- Succo di limone qb
- Foglie di coriandolo fresco

Indicazioni

Rimuovi i semi dal melograno.

Mescola il melograno con il cavolo.

Scaldare l'olio in una padella e aggiungere i semi di senape. Quando scoppiettano aggiungere i semi di cumino, le foglie di curry e l'assafetida. Aggiungere la miscela di spezie al cavolo.

Aggiungere lo zucchero, il sale e il succo di limone a piacere. Mescolare bene.

Guarnire con coriandolo se lo si desidera.

Insalata di carote e melograno

ingredienti

- 2 carote - grattugiate
- $\frac{1}{2}$ melograno
- $\frac{1}{4}$ di cucchiaio di semi di senape
- $\frac{1}{4}$ di cucchiaio di semi di cumino
- 4-5 foglie di curry
- Pizzica l'assafetida
- 1 cucchiaio di olio
- Sale e zucchero qb
- Succo di limone - a piacere
- Foglie di coriandolo fresco

Indicazioni

Rimuovi i semi dal melograno.

Mescolare il melograno con la carota.

Scaldare l'olio in una padella e aggiungere i semi di senape. Quando scoppiettano aggiungere i semi di cumino, le foglie di curry e l'assafetida. Aggiungi la miscela di spezie alla carota.

Aggiungere lo zucchero, il sale e il succo di limone a piacere. Mescolare bene.

Guarnire con coriandolo se lo si desidera.

Insalata di cetrioli e arachidi

ingredienti

- 2 cetrioli - pelati e tritati
- Zucchero e sale qb
- 2-3 cucchiai di polvere di arachidi tostate - oa piacere
- 1 cucchiaio di olio
- 1/8 cucchiaio di semi di senape
- 1/8 cucchiaio di semi di cumino
- Pizzica l'assafetida
- 4-5 foglie di curry
- Succo di limone - a piacere

Indicazioni

Scaldate l'olio in una padella. Aggiungi i semi di senape. Quando scoppiettano aggiungere i semi di cumino, l'assafetida e le foglie di curry.

Aggiungi la miscela di spezie ai cetrioli.

Aggiungere sale, zucchero e limone a piacere.

Aggiungere la polvere di arachidi e mescolare bene.

Insalata Di Cetrioli, Pomodori E Yogurt

ingredienti
- 2 cetrioli - tritato
- 1 pomodoro - tritato
- 2 cucchiai di yogurt bianco
- 2 cucchiai di polvere di arachidi tostate
- Sale e zucchero qb
- 1 cucchiaio di olio
- $\frac{1}{4}$ di cucchiaio di semi di senape
- $\frac{1}{2}$ cucchiaio di semi di cumino
- 4-5 foglie di curry
- Pizzica l'assafetida
- Coriandolo fresco

Indicazioni

Mescola il cetriolo, il pomodoro e lo yogurt.

In una padella a parte scaldate l'olio e aggiungete i semi di senape. Quando scoppiettano aggiungere i semi di cumino, le foglie di curry e l'assafetida.

Mescola la miscela di spezie con la miscela di cetrioli.

Aggiungere la polvere di arachidi, il sale, lo zucchero e lo yogurt.

Guarnire con foglie di coriandolo.

Insalata aiutante di postumi di una sbornia

- 3 tazze di verdure tritate
  (iceberg o lattuga romana, spinaci
  o una combinazione)
- $\frac{1}{4}$ bulbo di finocchio, tagliato a
  fettine sottili
- $\frac{1}{2}$ tazza di pomodorini o
  pomodorini, tagliati a metà o in
  quarti
- $\frac{1}{2}$ tazza di broccoli cotti tritati
- $\frac{1}{2}$ tazza di barbabietole tritate
- 1 o 2 cucchiai di olio extravergine
  di oliva
- Succo di $\frac{1}{2}$ limone

In una grande ciotola, mescola le verdure, il
finocchio, i pomodori, i broccoli e le barbabietole.
Condire con olio d'oliva e succo di limone.

Lancio della pasta

- 1 confezione di pasta da 16 once a scelta
- 1 cucchiaio di olio extravergine d'oliva
- 2 spicchi d'aglio, tritati
- 1 (14 once) può cuori di carciofo, scolati e tritati
- 1 tazza di uva o pomodorini, tagliati a metà
- Pepe nero macinato fresco, quanto basta

Porta ad ebollizione una grande pentola d'acqua. Aggiungere la pasta e cuocere secondo le indicazioni sulla confezione. Mentre la pasta cuoce, scalda l'olio in una padella larga a fuoco medio. Aggiungere l'aglio e scaldare per 1 minuto. Aggiungere i carciofi e i pomodori e cuocere fino a renderli morbidi, circa 7 minuti. Quando la pasta sarà cotta, scolatela e aggiungetela direttamente nella padella. Condire con le verdure e condire con pepe nero, se lo si desidera.

Crushin 'It Salad

- 3 tazze di spinaci baby
- 1 peperone rosso, tritato
- 1 tazza di cimette di broccoli al vapore
- $\frac{1}{2}$ pomodoro a dadini
- 1 (3 once) lattina di tonno bianco confezionato in acqua
- 2 cucchiai di semi di zucca
- 2 cucchiai di noci
- 2 cucchiai di olio extravergine di oliva
- 1 cucchiaio di aceto balsamico

Metti tutti gli ingredienti dell'insalata in una grande ciotola. Condire con olio d'oliva e aceto.

Insalata di zucca e yogurt

ingredienti

- 2 tazze di zucca - tagliate a pezzi da un pollice
- 1 cucchiaio di olio
- 1 - 2 cucchiai di polvere di arachidi tostate
- $\frac{1}{2}$ cucchiaio di semi di senape
- $\frac{1}{2}$ cucchiaio di semi di cumino
- 4-5 foglie di curry
- 2 cucchiai di yogurt bianco
- Coriandolo fresco - a piacere
- Sale e zucchero qb

Indicazioni

Lessare o cuocere a vapore la zucca. Freddo. Schiaccialo se lo desideri.

Scaldare l'olio e aggiungere i semi di senape. Quando scoppiettano aggiungere i semi di cumino e le foglie di curry.

Aggiungere la miscela di spezie alla zucca raffreddata.

Aggiungere lo yogurt, il sale, lo zucchero e la polvere di arachidi. Mescolare

Guarnire con il coriandolo.

Daikon insalata di ravanelli

ingredienti

- 2 ravanelli
- 3 cucchiai di chana dal arrosto
- Limone qb o yogurt
- 1/2 cucchiaio di semi di cumino in polvere
- Zucchero qb
- Foglie di coriandolo fresco
- Sale qb

Indicazioni

Grattugiare finemente il ravanello, comprese le cime verdi.

Aggiungere tutti gli ingredienti e mescolare bene.

Guarnire con il coriandolo.

Insalata Di Zucca Cruda

ingredienti

- 1 tazza di zucca grattugiata
- $\frac{1}{4}$ di cucchiaio di semi di senape
- $\frac{1}{4}$ di cucchiaio di semi di cumino
- 4-5 foglie di curry
- Pizzica l'assafetida
- 1 cucchiaio di olio
- Sale e zucchero qb
- Foglie di coriandolo fresco

Scaldare l'olio in una padella e aggiungere i semi di senape. Quando scoppiettano aggiungere i semi di cumino, le foglie di curry e l'assafetida. Aggiungi il composto di spezie alla zucca grattugiata.

Aggiungere lo zucchero, sale a piacere.

Guarnire con coriandolo se lo si desidera.

Insalata di fieno greco e pomodori

ingredienti

- 1 pomodoro - tritato
- $\frac{1}{4}$ di tazza di foglie di fieno greco - tritate (se non riesci a trovarle sostituisci più spinaci, rucola o lattuga)
- $\frac{1}{2}$ tazza di foglie di spinaci - tritato
- $\frac{1}{4}$ di cucchiaio di semi di senape
- $\frac{1}{4}$ di cucchiaio di semi di cumino
- 4-5 foglie di curry
- Pizzica l'assafetida
- 1 cucchiaio di olio
- Sale e zucchero qb
- 2 cucchiai di polvere di arachidi tostate
- Foglie di coriandolo fresco

Indicazioni

Mescolare il pomodoro, le foglie di fieno greco e gli spinaci.

Scaldare l'olio in una padella e aggiungere i semi di senape. Quando scoppiettano aggiungere i semi di cumino, le foglie di curry e l'assafetida. Aggiungi il composto di spezie al composto di pomodoro.

Aggiungere lo zucchero, il sale e la polvere di arachidi.

Guarnire con coriandolo se lo si desidera.

Insalata di pomodori e arachidi

ingredienti

- 2 pomodori - tritato
- $\frac{1}{4}$ di cucchiaio di semi di senape
- $\frac{1}{4}$ di cucchiaio di semi di cumino
- 4-5 foglie di curry
- 1/2 cucchiaio di olio
- Sale e zucchero qb
- 1-2 cucchiai di polvere di arachidi tostate
- Yogurt - se lo si desidera
- Foglie di coriandolo fresco

Indicazioni

Scaldare l'olio in una padella e aggiungere i semi di senape. Quando scoppiettano aggiungere i semi di cumino e le foglie di curry. Aggiungi la miscela di spezie al pomodoro.

Aggiungere lo zucchero e il sale a piacere.
Aggiungere la polvere di arachidi tostate.

Guarnire con coriandolo e yogurt se lo si desidera.

ZUPPE

Zuppa di patate al solstizio

Questa ricetta rende il sangue leggermente alcalino, il che favorisce l'equilibrio mentale.

Ingredienti:
- 1 litro di patate a fette 1 litro di sedano a fette
- un quarto di cipolla affettata
- 1/8 di tazza di aglio crudo tritato
- 1/8 di tazza di olio da cucina
- 1 cucchiaio di peperoncino in polvere
- 1 cucchiaio di curcuma
- 1 cucchiaio di cumino
- 1 cucchiaio di coriandolo Un pizzico di pepe di Caienna
- sale

Indicazioni:
Metti le verdure in una pentola capiente con le patate sul fondo. Riempi d'acqua e aggiungi sale. Portare a ebollizione e cuocere fino a quando le verdure sono tenere. Nel frattempo, rosolare il peperoncino in polvere, la curcuma, il cumino, il coriandolo e il pepe di Caienna nell'olio di cottura e quindi aggiungere alla zuppa. Aggiungere l'aglio alla fine prima di servire.

Zuppa Di Barbabietole

ingredienti

- 1 barbabietola grande
- 1 tazza d'acqua
- 2 pizzichi di cumino in polvere
- 2 pizzichi di pepe
- 1 pizzico di cannella
- 4 pizzichi di sale
- Spremuta di limone
- $\frac{1}{2}$ cucchiaio di burro chiarificato

Indicazioni

Lessare le barbabietole e pelarle.

Frullare con l'acqua e filtrare se lo si desidera.

Far bollire il composto quindi aggiungere gli altri ingredienti e servire.

Zuppa di latticello e ceci

ingredienti

- 3 tazze di latticello
- 1/2 tazza di farina di ceci
- 5-6 foglie di curry
- 2 chiodi di garofano
- 1/8 cucchiaio di curcuma
- 1/4 cucchiaio di cumino
- $\frac{1}{8}$ cucchiaio di assafetida
- 1 cucchiaio di zenzero grattugiato
- Sale qb

Indicazioni

Mescolare il latticello e la farina di ceci fino a che non ci siano grumi.

Scaldare l'olio e aggiungere il cumino, l'assafetida, le foglie di curry, i chiodi di garofano e la curcuma.

Aggiungere lo zenzero e il sale e cuocere per un minuto.

Aggiungere la miscela di spezie alla miscela di latticello e ceci. A fuoco medio cuocere la zuppa. Quando la zuppa inizia a lievitare ea bollire, la zuppa è pronta.

Dal Soup Misto

ingredienti

- 1/2 tazza dal (mung, toor, urid, ceci, lenticchie rosse)
- 1 $\frac{1}{2}$ tazza di acqua
- $\frac{1}{2}$ cucchiaio di curcuma
- 1 cucchiaio di olio
- $\frac{1}{2}$ cucchiaio di semi di senape
- $\frac{1}{2}$ cucchiaio di semi di cumino
- 5-6 foglie di curry
- $\frac{1}{2}$ cucchiaio di zenzero - grattugiato
- $\frac{1}{2}$ cucchiaio di coriandolo in polvere
- Pizzica l'assafetida
- 1 pomodoro - tritato
- Cocco grattugiato fresco - opzionale
- Sale e jaggery / zucchero di canna a piacere
- Coriandolo fresco

Indicazioni

Mettere l'acqua e il dal in una pentola capiente o in una pentola a pressione e aggiungere la curcuma. Portare a ebollizione e cuocere fino a quando il dal è morbido.

In una padella a parte scaldate l'olio, aggiungete i semi di senape, poi i semi di cumino, le foglie di curry, lo zenzero, il coriandolo in polvere e

l'assafetida. Aggiungere il pomodoro e soffriggere
per 5 minuti.

Aggiungere il composto di pomodoro al dal.
Aggiungere il cocco, il sale e il jaggery a piacere.

Guarnire con coriandolo fresco e cocco.

Zuppa Di Zucca Montata

ingredienti

- 6 tazze di brodo di pollo
- 1 ½ cucchiaini di sale
- 4 tazze di purea di zucca
- 1 cucchiaino di prezzemolo fresco tritato
- 1 tazza di cipolla tritata
- ½ cucchiaino di timo fresco tritato
- 1 spicchio d'aglio, tritato
- ½ tazza di panna da montare pesante
- 5 grani di pepe nero interi

Indicazioni

In una pentola mettete la zucca e copritela con l'acqua. Bollire fino a quando la zucca non sarà morbida.

Frulla insieme la zucca e l'acqua fino a ottenere un composto liscio.

Aggiungere più acqua se è necessaria una zuppa più sottile.

Aggiungere tutte le spezie e portare a ebollizione.

Servire con burro, yogurt e / o erba cipollina se lo si desidera.

Zuppa di zucca bianca e cocco

ingredienti

- zucca bianca di medie dimensioni, nota anche come zucca
- semi di cumino
- foglie di curry
- Foglie di coriandolo fresco
- Sale e zucchero qb
- Cocco qb

Indicazioni

Fai bollire la zucca e poi frulla fino a ottenere un liquido.

Mescolare la polpa di zucca e l'acqua (risparmiata dall'ebollizione) fino allo spessore desiderato.

Aggiungi i semi di cumino e le foglie di curry.

Aggiungere lo zucchero e il sale a piacere. Portare ad ebollizione.

Guarnire con foglie di coriandolo fresco e cocco.

Zuppa Mung Intera

ingredienti

- $\frac{1}{2}$ tazza di fagioli mung, interi
- 1 tazza d'acqua
- $\frac{1}{4}$ di cucchiaio di cumino in polvere
- 4-6 gocce di limone
- $\frac{1}{2}$ cucchiaio di burro / burro chiarificato - opzionale
- Sale qb

Indicazioni

Mettere a bagno i fagioli mung durante la notte o per 10 ore.

Lessare i fagioli mung in acqua o in una pentola a pressione (2 fischietti) fino a renderli morbidi.

Mescolare i fagioli mung e l'acqua insieme fino a che liscio. Portare ad ebollizione.

Aggiungere il limone, il cumino in polvere, il burro / burro chiarificato e il sale.

Salsa Di Manzo

- 1 cucchiaio di olio extravergine d'oliva
- 1 cipolla gialla, tritata
- 2 spicchi d'aglio, tritati
- 1 carota, a dadini
- $\frac{1}{2}$ libbra di carne macinata biologica
- 2 (28 once) lattine di pomodori schiacciati
- 1 cucchiaino di origano
- Sale e pepe a piacere
- Un pizzico di fiocchi di peperone rosso (facoltativo)
- 1 confezione di pasta a scelta (12 once)

Scaldare l'olio in una padella capiente a fuoco medio. Aggiungere la cipolla, l'aglio e le carote e cuocere fino a quando le carote sono morbide. Aggiungere la carne di manzo, spezzarla con il dorso di un cucchiaio di legno e cuocere fino a quando la carne non sarà più rosa. Aggiungere i pomodori, l'origano, il sale e il pepe a piacere e i fiocchi di peperoncino, se utilizzati. Coprite e lasciate cuocere a fuoco lento per 15-20 minuti. Mentre la salsa cuoce, portare ad ebollizione una grande pentola d'acqua. Aggiungere la pasta e cuocere secondo le indicazioni sulla confezione. A cottura ultimata scolatele e unitele nella padella con la salsa. Mescola, servi e divertiti!

Zuppa di cavolfiore alla curcuma dorata

Quando i nostri chakra sono squilibrati, potremmo provare "disagio" in quella zona del corpo, oltre a sintomi psicosomatici correlati come problemi all'anca, squilibri ormonali, problemi digestivi, malattie cardiache, muco, mal di testa o nebbia cerebrale. Grazie a ingredienti come ortaggi a radice a terra, cannella afosa, curcuma potenziante, verdure a foglia che espandono il cuore, spirulina nutriente e barbabietole illuminanti, queste zuppe sono una deliziosa medicina delle piante.

ingredienti

- 6 tazze colme di cimette di cavolfiore
- 3 spicchi d'aglio, tritati (o $\frac{3}{4}$ cucchiai di asafetida per la pitta)
- 2 cucchiai più 1 cucchiaio di semi d'uva, cocco o olio di avocado, divisi
- 1 cucchiaio di curcuma
- 1 cucchiaio di cumino macinato
- $\frac{1}{8}$ cucchiaio di peperoncino tritato (omettere per la pitta)
- 1 cipolla gialla media o bulbo di finocchio, tritato
- 3 tazze di brodo vegetale
- $\frac{1}{4}$ di tazza di latte di cocco intero, shakerato, per servire

Preparazione

Riscalda il forno a 450 °. In una grande ciotola, mescolare il cavolfiore e l'aglio con 2 cucchiai di olio, fino a quando non sono ben ricoperti. Aggiungere la curcuma, il cumino e i fiocchi di peperoncino e mescolare per ricoprire in modo uniforme. Distribuire il cavolfiore su una teglia in un unico strato e cuocere fino a quando diventa dorato e tenero, 25-30 minuti.

Nel frattempo, in una pentola capiente o in un forno olandese, scaldare il rimanente 1 cucchiaio di olio a fuoco medio. Aggiungere la cipolla e cuocere per 2-3 minuti, fino a quando non diventa trasparente.

Quando il cavolfiore è cotto, sfornare. Riservare 1 tazza per guarnire la zuppa. Prendi il cavolfiore rimasto e aggiungilo a una pentola media con la cipolla e versa il brodo vegetale. Portare a ebollizione, quindi coprire e cuocere a fuoco basso, 15 minuti.

Frulla la zuppa fino a ottenere una purea omogenea usando un frullatore a immersione, oppure lasciala raffreddare e frullare a intervalli con un frullatore normale.

Servire condito con cavolfiore arrosto riservato e un filo di latte di cocco.

Zuppa Di Noodle Piccante Allo Zenzero

Porzioni: 5 persone

Tempo di preparazione 15 minuti

Tempo di cottura 20 minuti

ingredienti

- 1/4 tazza di olio di sesamo
- 1 1/2 tazza di gambi di pak choi e verdure tagliate a pezzi da 1 pollice
- 1 peperone rosso privato del gambo, tritato
- 12 fagiolini terminano mondati, tagliati a metà
- 1 jalapeno privato dei semi, diraspato, tritato
- 7 tazze d'acqua
- 1/2 cucchiaio di pasta di peperoncino
- 1 tazza di tamari
- 1/2 tazza di zenzero tritato
- 2 cucchiai di zucchero di cocco
- 1/4 tazza di succo di lime
- 12 once di tofu sodo tritato
- 1 1/4 di funghi di faggio mondati
- 2 once di spaghetti di riso spezzati in lunghezze di 1 pollice
- Scalogno da 1/4 di tazza
- 2 cucchiai di coriandolo tritato

Indicazioni

Scaldare l'olio in una pentola media non reattiva a fuoco medio-alto fino a quando non bolle.

Aggiungi pak choi, pepe, fagiolini e jalapeno. Rosolare per 10 minuti, girando spesso, finché le verdure non si saranno ammorbidite. Aggiungere l'acqua, la pasta di peperoncino, il tamari, lo zenzero, lo zucchero di cocco e il succo di lime e portare il brodo a ebollizione, mescolando di tanto in tanto. Aggiungi tofu, funghi e spaghetti di riso spezzati. Riporta la zuppa a ebollizione e abbassa la fiamma. Cuocere 8-10 minuti, finché le tagliatelle non si saranno ammorbidite. Togli la zuppa dal fuoco e aggiungi le erbe fresche. Aspetta due minuti e servi.

Zuppa di immunità

30 minuti
Tempo totale 1 ora
Resa per 8 persone (porzione: 1 tazza e 1/2)

Questa semplice zuppa è ricca di cibi che stimolano
l'immunità: cavolo riccio di vitamina C, funghi
arricchiti di vitamina D, pollo e ceci contenenti
zinco e aglio ricco di antiossidanti. Inoltre, il brodo
bollente e fumante e un pizzico di calore al pepe ti
fanno colare il naso, ottimo per sciacquare i seni e
potenzialmente allontanare un'infezione. È una
grande pentola di zuppa brodosa che puoi
preparare in anticipo e goderti per un paio di giorni;
il sapore migliora nel tempo. Potresti diffidare
della grande quantità di aglio, ma tieni presente
che si ammorbidisce notevolmente dopo essere
stato cotto. Anche se qui amiamo usare il petto di
pollo con osso, puoi anche scambiarlo con 3 tazze di
petto di pollo al girarrosto sminuzzato in un pizzico
(tieni presente che aggiungerà più sodio). "

ingredienti
- 2 cucchiai di olio d'oliva
- 1 1/2 tazza di cipolla tritata
- 3 gambi di sedano, tagliati a fettine sottili
- 2 carote grandi, tagliate a fettine sottili
- Funghi arricchiti con vitamina D da 1 libbra
  preaffettati

- 10 spicchi d'aglio medi, tritati
- 8 tazze di brodo di pollo non salato
- 4 rametti di timo
- 2 foglie di alloro 1 lattina di ceci non salati, scolati
- 2 libbre di petto di pollo senza pelle e con l'osso
- 1 cucchiaino e mezzo di sale kosher
- 1/2 cucchiaino di peperone rosso tritato
- 12 once di cavolo riccio, gambi rimossi, foglie strappate

Indicazioni

Scaldare l'olio in un grande forno olandese a fuoco medio

Aggiungere la cipolla, il sedano e le carote; cuocere, mescolando di tanto in tanto, 5 minuti. Aggiungere i funghi e l'aglio; cuocere, mescolando spesso, 3 minuti. Mescolare il brodo, il timo, le foglie di alloro e i ceci; portare a ebollizione. Aggiungere il pollo, il sale e il peperoncino; coprire e cuocere a fuoco lento fino a quando il pollo è pronto, circa 25 minuti.

Rimuovere il pollo dal forno olandese; raffreddare leggermente. Tagliare la carne con 2 forchette; scartare le ossa. Mescolare il pollo e il cavolo nero nella zuppa; coprire e cuocere a fuoco lento fino a quando il cavolo è appena tenero, circa 5 minuti. Eliminare i rametti di timo e le foglie di alloro.

Nutrizione

Calorie 253
Grassi 6,5 g
Proteine 28 g
Carboidrato
22 g di fibra

PANI

Pane fritto

Poori

- 500 g di farina di frumento
- 1 cucchiaino di coriandolo secco in polvere
- 1/2 cucchiaino di cumino in polvere
- 1/2 cucchiaino di curcuma in polvere
- Pizzico di sale
- 2-3 cucchiai di olio
- Acqua: quanto basta per far aderire la pasta

Pane Di Miglio

Bhakri

- $\frac{1}{2}$ kg di farina Jawar o Bajra (farina di miglio)
- Acqua: dovrebbe essere sufficiente che l'impasto sia morbido, non troppo secco o troppo umido ma lavorabile
- $\frac{1}{2}$ cucchiaino di sale

1. Mescolare farina e sale insieme.
2. Fare una fontana al centro del composto secco e aggiungere l'acqua poco a poco, mescolando con le mani.
3. Lavorate l'impasto fino a renderlo liscio.
4. Fai delle palline delle dimensioni di una pallina da golf facendo rotolare l'impasto tra i palmi delle mani.
5. Appiattisci una palla tra i palmi delle mani e immergi nella farina.
6. Palma questo cerchio ancora più piatto ruotandolo mentre ti stringi tra i palmi delle mani e le dita.
7. Mettetela sulla tavola e dategli una forma circolare come i chapatti ma con le mani non a mattarello.
8. Metti Bhakri sulla padella calda. Cospargici dell'acqua e distribuiscila su un lato del bhakri.
9. Metti il bhakri sulla padella con l'acqua

coperta con il lato rivolto verso l'alto. Cuocere per 10-15 secondi e poi gira il bhakri. Cuoci il bhakri dal lato dell'acqua finché non diventa dorato.

10.   Rimuovi il bhakri e metti il lato superiore direttamente sulla fiamma libera. Quando si gonfia o diventa marrone è pronto.

•   Nota: quando fai il bhakri devi lavorare molto velocemente poiché si asciuga rapidamente e poi l'impasto si rompe.

Pane alle verdure

Parathas

- 1 tazza di verdura grattugiata (può essere qualsiasi tipo di verdura come carote, zucca, patate, cavoli, cavolfiori, ravanelli, spinaci, pomodori, coriandoli, foglie di fieno greco, verdure miste ecc.)
- 1 tazza di farina di frumento
- 1 tazza di farina mung dal
- 2 cucchiaini di zenzero grattugiato
- 5-6 foglie di curry
- 1/2 cucchiaino di semi di cumino
- 1 cucchiaino di coriandolo in polvere
- 2 cucchiai di olio
- acqua

1. Aggiungere le verdure grattugiate al grano e alla farina di mung dal
2. Aggiungere il cumino, il sale e il coriandolo in polvere.
3. Aggiungere lo zenzero e le foglie di curry grattugiate.
4. Aggiungi olio e acqua.
5. Impastare fino a ottenere un impasto morbido e liscio, quindi lasciarlo riposare per 10 minuti.
6. Arrotolare le palline di pasta in una forma circolare o triangolare sottile.

Pane Ripieno Di Verdure

Paratha

- 2 tazze di purè di verdure cotte come carote, zucca, patate, spinaci, pomodori ecc. O una combinazione. Si possono aggiungere anche lenticchie cotte.
- 1 tazza di farina di frumento
- 1 tazza di farina mung dal - o farina di ceci, ecc
- 1/2 cucchiaino di senape sds
- 1/2 cucchiaino di semi di cumino
- 1/2 cucchiaino di coriandolo pdr
- 1/2 cucchiaino di zenzero grattugiato
- 7-8 foglie di curry
- Pizzica l'assafetida
- 2-3 cucchiai di olio
- Zucchero (facoltativo)
- Sale qb

1. Preparare l'impasto di farina di grano tenero e mung dal aggiungendo un cucchiaino di olio e acqua a sufficienza per ottenere un impasto compatto.
2. Riscaldare un cucchiaino di olio, quindi aggiungere i semi di senape. Quando scoppiettano aggiungere lo zenzero, il cumino, il coriandolo, l'assafetida, le foglie di curry e lo zucchero.
3. Aggiungere le verdure schiacciate e mescolare.

4. Arrotolare il composto di verdure in palline e disporle al centro di una palla di pasta. Pizzica l'impasto attorno al composto.

5. Stendete con cura l'impasto in una forma circolare o triangolare.

6. Cuocere su un tawa o una padella con un po 'di olio per pochi minuti su ogni lato.

Pane Ripieno Di Carote

Gajjar Parathas

- 1 tazza di farina di frumento
- 2 carote grandi - grattugiato
- Sale qb
- Zucchero qb
- 1 cucchiaino di olio, più un altro per l'impasto
- $\frac{1}{2}$ cucchiaino di semi di cumino
- 1 cucchiaino di zenzero - grattugiato
- Foglie di coriandolo tritate
- 1 cucchiaino di succo di limone

1. Scaldare l'olio in padella. Aggiungere i semi di cumino, quindi aggiungere lo zenzero, le carote e il sale. Mescolare e friggere per 3-4 minuti fino a cottura. Freddo. Aggiungi il succo di limone.
2. Preparare l'impasto mescolando la farina di frumento con un cucchiaino d'olio e acqua a sufficienza per ottenere un impasto compatto.
3. Arrotolare un po 'del composto di carote in una piccola palla e posizionarla al centro di una palla di pasta. Pizzica l'impasto attorno al composto.
4. Stendete con cura l'impasto in una forma circolare o triangolare.
5. Cuocere su un tawa o una padella con un po 'di olio per pochi minuti su ogni lato.

Pane Farcito Di Patate

Batata Paratha

- 2 tazze di purè di patate
- 1 tazza di farina di frumento
- 1 tazza di farina mung dal - o farina di ceci, ecc
- 1/2 cucchiaino di senape sds
- 1/2 cucchiaino di semi di cumino
- 1/2 cucchiaino di coriandolo pdr
- 1/2 cucchiaino di zenzero grattugiato
- 7-8 foglie di curry
- pizzico di assafetida
- 2-3 cucchiai di olio
- Zucchero (facoltativo)
- Sale qb
- 1 cucchiaino di succo di limone

1. Preparare l'impasto di farina di grano tenero e mung dal aggiungendo un cucchiaino di olio e acqua a sufficienza per ottenere un impasto compatto.
2. Riscaldare un cucchiaino di olio, quindi aggiungere i semi di senape. Quando scoppiettano aggiungere lo zenzero, il cumino, il coriandolo, l'assafetida, le foglie di curry e lo zucchero.
3. Aggiungere le purè di patate e mescolare. Freddo. Aggiungi il succo di limone.
4. Arrotolare il composto di patate in palline e

disporle al centro di una palla di pasta. Pizzica l'impasto attorno al composto.

5.   Stendi con cura la pasta in una forma circolare o triangolare.

6.   Cuocere su un tawa o una padella con un po 'di olio per pochi minuti su ogni lato.

Pane dolce / Chapatti

- $\frac{1}{2}$ tazza di mung dal (lavato) o ceci dal (chana dal)
- $\frac{1}{2}$ tazza di jaggery / zucchero grezzo o zucchero di canna o metà zucchero misto bianco e metà zucchero di canna
- 4 pizzichi di cardamomo in polvere

Opzionale: cocco, noce moscata o cacao in polvere

1. Fai bollire il mung dal in una tazza d'acqua per 10 minuti o fino a cottura.
2. Continuate la cottura fino a quando tutta l'acqua sarà evaporata (5-10 minuti). Aggiungere lo zucchero e continuare la cottura fino a che non sia denso. Il composto risulterà molto denso come una crema da spalmare. Freddo.
3. Aggiungi il cardamomo o qualsiasi altro ingrediente.

Poli - pane
- 1 tazza di farina di frumento
- 1 cucchiaino di olio
- acqua

1. Mescola entrambi gli ingredienti.
2. Aggiungere l'acqua per fare un impasto. Aggiungi un altro cucchiaino di olio e impastalo nell'impasto. Lasciar riposare per almeno un'ora o

più (2 ore) in modo che l'impasto diventi più elastico.

3.   Fare palline da 1 pollice di Puran / ripieno e metterle in palline di pasta da 1 pollice appiattendo l'impasto. Pizzicol'impasto attorno al ripieno.

4.   Appiattire la pasta a rondelle spesse $\frac{1}{2}$ cm.

5.   Cuocere in una padella calda con un po 'di burro chiarificato.

6.   Servire con altro burro chiarificato.

Focaccia Integrale

Chapatti

- 1 tazza di farina di frumento
- 3 cucchiaini di olio
- Pizzico di sale
- 1/3 di tazza di acqua: potrebbe essere necessario aggiungerne un po 'di più o di meno

1. Mescolare la farina e il sale insieme.
2. Fare una fontana al centro e aggiungere l'olio e l'acqua. Amalgamate e poi impastate per 5 minuti fino ad ottenere un impasto liscio e morbido. Se c'è tempo lasciare l'impasto per 20-30 minuti.
3. Fai delle palline di 1 pollice di pasta.
4. Prendete una palla, immergetela in un altro po 'di farina di frumento e schiacciatela tra i palmi.
5. Stendetele con il mattarello.
6. Posizionare i chapatti arrotolati sulla piastra / padella calda e arrostire il primo lato per dieci secondi.
7. Girare e arrostire l'altro lato finché non compaiono macchie marroni.
8. Toglierlo dalla padella e metterlo sul fuoco del fornello sul primo lato (il lato meno cotto) Dovrebbe gonfiarsi per il rapido riscaldamento e rilascio di vapore dell'acqua nell'impasto che rimane intrappolato nei chapatti .)
9. Una volta gonfio, toglierlo dal fuoco e

metterlo in un contenitore foderato con un
canovaccio. Coprite con l'asciugamano per tenerli al
caldo L'asciugamano impedirà il
I cappatti si bagnano per la loro stessa
evaporazione o si seccano per l'aria.

CPSIA information can be obtained
at www.ICGtesting.com
Printed in the USA
BVHW091419300421
606211BV00005B/639